Manuel Friesecke / Jacqueline Plum, Regio Basiliensis (Hg.)

Dr. Peter Gloor (1926–2017)

Brückenbauer und Botschafter für die grenzüberschreitende Zusammenarbeit am Oberrhein. Eine Gedenkschrift

Redaktion: Dr. Jacqueline Plum, Regio Basiliensis
Abbildung Umschlag: Peter Gloor nach der Auszeichnung als
«Officier de l'Ordre National du Mérite de la République française»
bei der Generalversammlung der Regio Basiliensis 2005
Umschlaggestaltung: Glanzmann Schöne Design, Lörrach
Gesamtherstellung: Schwabe AG, Druckerei, Muttenz/Basel, Schweiz
Printed in Switzerland
ISBN 978-3-7965-3732-5

rights@schwabe.ch
www.schwabeverlag.ch

Inhalt

Vorwort

Die Regio Basiliensis wäre ohne Peter Gloor nicht denkbar. Zeitlebens wirkte «Pitle» Gloor als Wegbereiter und Vordenker der grenzüberschreitenden Zusammenarbeit in der deutsch-französisch-schweizerischen Grenzregion am Oberrhein. Seit der Gründung des Vereins Regio Basiliensis 1963 hat er die Vision verfolgt, das politische, wirtschaftliche und kulturelle Zusammenleben über die Grenzen hinweg anzustossen und zu stärken. Diese Vision verfolgte er gemeinsam mit seinen Weggefährten Hans J. Briner, Andreas Speiser und Samuel Schweizer. Damals hat niemand geahnt, welche Dynamik die Zusammenarbeit entwickeln sollte.

Mit der Gründung des privaten Vereins wurde erstmals die Zusammenarbeit im Sinne einer europäischen Grenzregion gefordert. Diese Vision wahr werden zu lassen, ist das eigentliche Verdienst unseres Gründungsvaters «Pitle» Gloor. Auch war er massgeblich daran beteiligt, dass im Jahre 1970 die Interkantonale Koordinationsstelle bei der Regio Basiliensis gegründet wurde und die Regio Basiliensis somit auch im Auftrag des Staates, das heisst der Kantone, tätig werden konnte.

Als Pionier und Botschafter für das Dreiland trug er in den folgenden Jahrzehnten mit viel diplomatischem Geschick und Feingespür dazu bei, dass die Beziehungen zwischen den drei Ländern ausgebaut werden konnten und dass durch konkrete erfolgreiche Projekte die Zusammenarbeit nach aussen sichtbar wurde. Zwischen 1963 und 1975 war Dr. Peter Gloor Präsident der Arbeitsgruppe, von 1983 bis 2001 Präsident und anschliessend bis 2017 Ehrenpräsident der Regio Basiliensis.

In der vorliegenden Gedenkschrift würdigen Mitstreiter und Weggefährten von «Pitle» Gloor seine Verdienste für die Regio-Idee und bringen dabei zum Ausdruck, was für ein besonderer Mensch «Pitle» war.

Dr. Kathrin Amacker, Präsidentin Regio Basiliensis

I. Würdigungen von Weggefährten

Dr. Peter Gloor – Pionier und Botschafter für das Dreiland. Ein Nachruf

von Kathrin Amacker und Manuel Friesecke

Dr. Peter «Pitle» Gloor wirkte zeitlebens als Wegbereiter und Vordenker der grenzüberschreitenden Zusammenarbeit in der deutsch-französisch-schweizerischen Grenzregion am Oberrhein. 1963 gründete er in Basel mit seinen Weggefährten Hans J. Briner, Andreas Speiser und Samuel Schweizer den Verein Regio Basiliensis. Zusammen verfolgten sie das Ziel, politische, wirtschaftliche und kulturelle Verbindungen über die Grenzen hinweg zu knüpfen und zu verstärken. Zwischen 1963 und 1975 war Dr. Peter Gloor Präsident der Arbeitsgruppe, 1983 bis 2001 Präsident und anschliessend Ehrenpräsident des Vereins.

Wir haben Pitle Gloor als geistreichen, humorvollen und klugen Menschen erlebt, welcher mit seiner baslerisch geprägten Bescheidenheit meist im Hintergrund die Geschicke gelenkt hat. So hat er unter anderem mit dem damaligen Basler Regierungsrat Dr. Edmund Wyss alles eingefädelt, damit im Jahre 1970 die Interkantonale Koordinationsstelle der Regio Basiliensis gegründet und im Auftrag der Kantone aktiv werden konnte. Ebenso trug er massgeblich dazu bei, dass die aufgebauten Behördenkontakte am südlichen Oberrhein im Rahmen der damaligen «Conférence Tripartite» 1975 zu einem Notenaustausch zwischen den Aussenministerien der drei Länder, dem sogenannten Bonner Abkommen, führten. In den 1990er-Jahren war Pitle Gloor die treibende Kraft auf Schweizer Seite für die Gründung der RegioTriRhena, der Kooperationsplattform am südlichen Oberrhein.

«Diplomatisches Feingespür» ist eine der Beschreibungen, die oft im Zusammenhang mit Dr. Peter Gloor genannt worden sind. So gelang ihm 1989 der grosse Coup des Regio-Gipfels zwischen den drei Staatschefs François Mitterrand, Helmut Kohl und Jean-Pascal Delamuraz in Basel. Pitle Gloor war Regio-Visionär, Brückenbauer und Vermittler über die

Grenzen par excellence. Mit seiner klaren Analyse und seinen pointierten Stellungnahmen leistete er einen massgebenden Beitrag zur Integration und Entwicklung unserer Dreiländerregion.

Wir verlieren mit Dr. Peter Gloor einen wunderbaren und bemerkenswerten Menschen, einen aufrichtigen Mitstreiter für die Regio-Idee und einen immer engagierten Oberrheinbotschafter, der unseren Verein seit seiner Gründung entscheidend mitgeprägt hat. Dafür danken wir ihm aus ganzem Herzen. Wir werden ihm immer ein ehrendes Andenken bewahren.

Dr. Peter (Pitle) Gloor (1926–2017): Mehr als ein halbes Jahrhundert im Einsatz für die grenzüberschreitende Zusammenarbeit

von Peter Schai

Wenigstens andeutungsweise soll mit den folgenden Zeilen zwar der jahrzehntelange grossartige Einsatz gewürdigt werden, den Pitle zur Verbesserung der grenzüberschreitenden Zusammenarbeit neben einem vollgerüttelten Mass beruflicher Tätigkeit als Advokat und Notar erbracht hat. Eine Vorbemerkung zur aktuellen allgemeinen Situation in unserem trinationalen Lebens- und Wirtschaftsraum kann sich der Verfasser dieser Zeilen aber nicht verkneifen: An die Verhältnisse in unserem «vergrenzten» Dreiland hat man sich zwar gewöhnt, wirklich «normal» sind die Zustände deswegen noch lange nicht. Die omnipräsenten Landesgrenzen können die Entfaltungsfreiheit von Menschen, insbesondere Grenzgängern, aber auch Firmen und Organisationen in unserem Raum selbst heute noch in mancherlei Hinsicht einengen. Das neulich wieder losgetretene und in der Folge unglaublich lange andauernde Gezerre um gewisse Spielregeln auf dem EuroAirport Basel-Mulhouse-Freiburg ist nur ein besonders prominentes Beispiel für eine Problematik, die immer wieder aufbrechen kann.

Nun sind die aktuellen Unzukömmlichkeiten allerdings nichts im Vergleich mit den Problemen, die etwa während des Zweiten Weltkriegs die Situation in unserer Gegend bestimmt haben. In streckenweise kaum drei Kilometer Luftliniendistanz, vom Basler Marktplatz aus gerechnet, stiess man damals auf hermetisch geschlossene, beidseits militärisch schwer bewachte Landesgrenzen. Pitle hat diese Situation nebst manchen anderen unguten Auswirkungen der Kriegszeit in seiner Jugend hautnah miterlebt. Man geht kaum fehl in der Annahme, dass ihn das fürs Leben geprägt und ein für alle Mal motiviert hat, sich für Erleichterungen und Verbesserungen im Umgang mit Grenzen und einen fruchtbaren Austausch über diese hinweg mit unseren elsässischen und badischen Nachbarn einzusetzen. Dabei war der bescheidene geografische Perimeter dieser Bestrebungen keine Frage des Horizontes. Den Bewcis, dass dieser in seinem Falle durchaus auch die weite Welt umfasste, hatte Pitle längst erbracht. So war er beispielsweise schon Jahre vor der Konkretisierung der Bestrebungen in Sachen Regio als Zentralpräsident des Schweizerischen Hilfswerks für aussereuropäische Gebiete (heute Helvetas) tätig. Aber das gehört – auch wenn sicher Ausfluss der gleichen Geisteshaltung – nicht in den vorliegenden Zusammenhang.

Ein möglichst wenig behinderter Austausch über die engen Grenzen in unserem trinationalen Lebensraum und eine intensive Zusammenarbeit sind für das Wohlergehen der darin lebenden Menschen von grösster Bedeutung. Dies liegt eigentlich auf der Hand; ein Blick auf die Landkarte genügt. Solche Erkenntnis ist das eine, sich aktiv und persönlich für Verbesserungen einzusetzen aber das andere. Zu Beginn der sechziger Jahre gab es glücklicherweise ein paar Gleichgesinnte, die aufgrund ihrer Einsichten auch energisch handeln wollten. Sie begannen, miteinander die Situation zu analysieren und den Handlungsbedarf herauszuarbeiten. Neben Pitle ist allen voran hier Dr. Hans J. Briner zu nennen, der in der Folge während fast drei Jahrzehnten vollamtlich die Geschäftsführung der Regio Basiliensis besorgen sollte. Besonders zu erwähnen als wichtige Helfer beim Start und in der Frühzeit der Regio Basiliensis sind ferner der damalige Verwaltungsratspräsident des Schweizerischen Bankvereins, Dr. Samuel Schweizer, und sein Mitarbeiter Andreas L. Speiser. Mit mehreren weiteren Pionieren zusammen ging man umsichtig und systematisch ans Werk. Schon früh holte man sich auch Rückendeckung von der staatlichen Seite, vertreten etwa durch Regierungsrat Dr. Alfred Schaller. Bei all diesen Sondierungen und Bestrebungen wirkte Pitle tatkräftig mit, stellte sich aber nie in den Vordergrund. So strebte er beispielsweise auch nicht das Präsidium der in der Frühzeit der Regioarbeit massgeblichen Trägerorganisation, der Gesellschaft zur Förderung der Arbeitsgruppe Regio Basiliensis, an. Für dieses Amt stellte sich – ein Glücksfall – Samuel Schweizer zur Verfügung. Dies dürfte die weitere Gewinnung von Mitstreitern und die Beschaffung der benötigten Geldmittel, auch auf längere Sicht, wesentlich erleichtert haben. Kurz vor Ende 1963 wurde dann die oben angeführte Gesellschaft formell gegründet. Damit war das Konstrukt als solches und auch die Arbeitsfähigkeit der genannten Arbeitsgruppe, diese unter dem Vorsitz von Pitle, gesichert. Im Laufe der folgenden

Jahrzehnte änderten sich die Organisationsformen und Bezeichnungen. Das Grundprinzip wurde aber stets beibehalten. Neben einem Gremium, bestückt mit wichtigen Vertretern der Wirtschaft, der Regierungen der beiden Basel und der hiesigen Universität gab es die Geschäftsstelle und eben eine Arbeitsgruppe, die ihre Aktivität laufend intensiv begleitete. Diese Gruppe erhielt später auch den zu ihrer Funktion passenden Namen Begleitgruppe, den sie bis heute führt. Nicht immer lief alles reibungslos, und es gab Phasen, in denen an der selbständigen, formell und tatsächlich ziemlich unabhängigen Form der Regio Basiliensis Zweifel aufkamen und das Modell gefährdet war. Bei solchen Schwierigkeiten war dann jeweils Pitle besonders gefordert und spielte bei der Behebung der zeitweise nicht zu unterschätzenden Probleme in seiner vermittelnden und klugen, gleichzeitig aber auch stets zielstrebigen Art eine wichtige Rolle. Eine detaillierte Schilderung der an sich unspektakulären internen organisatorischen Entwicklungen erscheint im vorliegenden Zusammenhang nicht angezeigt. Dies gilt gleichermassen auch für die, zumindest für Aussenstehende, eher komplizierte Geschichte der zahlreichen grenzüberschreitenden Gremien, die sich im Laufe der Jahrzehnte mit der Regioarbeit befassten und bis heute befassen. Bei der Stabilisierung des Auftrags der Geschäftsstelle durch die Angliederung der sogenannten Internationalen Koordinationsstelle der Regio Basiliensis (IKRB) und auch bei der Bildung der für die Kooperation über die Grenzen hinweg erforderlichen trinationalen Gefässe spielte der baselstädtische Regierungsrat Dr. Edmund Wyss eine wichtige Rolle. Auch mit ihm und später mit den Regierungsräten Dr. Kurt Jenny, Dr. Mathias Feldges und Dr. Hans Martin Tschudi arbeitete Pitle eng und effizient zusammen. Pitle setzte sich dabei jeweils für operationelle Freiheiten des Vereins ein und liess in der Zusammenarbeit mit den Behörden auch unkonventionelle Ideen einfliessen. Wie bereits angedeutet, soll aber auf Einzelheiten der institutionellen Voraussetzungen für die Zusammenarbeit nicht weiter eingegangen werden. Stattdessen mag die knappe Schilderung einiger weniger Beispiele aus der praktischen Regioarbeit die Vielfalt und Bedeutung der Aktivitäten illustrieren, in die Pitle stets an einflussreicher Stelle involviert war.

Wie angesichts der Begeisterung der Akteure für die Regio-Idee nicht anders zu erwarten, wurde von Beginn weg ein flottes Tempo hingelegt.

Man konnte ja auch weitgehend in Neuland vorstossen. Für die Frühphase verdient die viertägige Internationale Planertagung von 1965 mit teils europaweit bekannten Referenten und der Präsenz des Ministerpräsidenten des Landes Baden-Württemberg besondere Erwähnung. Zu den von der Regio Basiliensis eifrig bearbeiteten Themen gehörten schon früh Verkehrsfragen, zu denen oft neue Ideen entwickelt wurden. Hier sind etwa die Vorschläge für die grenzüberschreitende Regio-S-Bahn zu erwähnen, die Jahrzehnte später immerhin erste Realisierungen erlebten. Grosse Aufmerksamkeit wurde mit Recht auch stets dem EuroAirport Basel-Mulhouse-Freiburg gewidmet, anscheinend der einzige binationale Flughafen der Welt. Die Regio Basiliensis befasste sich auch immer wieder mit der Einrichtung eines Bahnanschlusses für diese, in unserer Region sehr wichtige Verkehrseinrichtung. Auf diesen eigentlich logischen Schritt der Erschliessung wartet man allerdings bis heute.

Von ihrer offenen und umfassenden Zielsetzung her im Grunde zwingend, waren der Regioarbeit eigentlich nie thematische Grenzen gesetzt. Es konnten ebenso wirtschaftliche, kulturelle, aber etwa auch bildungspolitische oder gesundheitspolitische Fragestellungen und viele andere mehr aufgenommen oder begleitet, manchmal auch von Grund auf selbständig bearbeitet werden. Auf den unterschiedlichsten Gebieten konnte die Organisation so tätig werden und ihren Einfluss im Sinne der Erleichterung und Verbesserung des grenzüberschreitenden Austauschs geltend machen, staatliche und private Initiativen anregen und begleiten sowie Akteure zusammenbringen und unterstützen. Sogar auf dem Gebiet des Naturschutzes konnte die Regio Basiliensis in einer besonderen Phase einen wertvollen Beitrag leisten, der hier kurz beschrieben werden soll.

Nach vorausgehenden Sondierungsgesprächen richtete im Jahre 1987 der Hüninger Wirtschaftsführer, Politiker und Schriftsteller André Paul Weber, über Jahrzehnte ein wichtiger Elsässer Verfechter der Regio-Idee und der praktischen grenzüberschreitenden Kooperation, eine Bitte um Unterstützung der Petite Camargue Alsacienne (PCA) im grenznahen Elsass an Pitle. Dieser war hierfür mittlerweile offiziell der geeignete Adressat. Er hatte nämlich, nach den Amtszeiten von Dr. Samuel Schweizer, Dr. Max Staehelin und Dr. Gaudenz Staehelin, 1983 schliesslich doch dazu bewogen werden können, das Präsidium des Vorstands zu übernehmen. In der Sache ging es um die Beschaffung erheblicher Mittel als Beitrag an die dauerhafte Sicherung eines bedeutenden Teils der PCA, der damals noch nicht unter besonderem Schutz nach französischem Recht stand. Mit der tatkräftigen Mithilfe von Pitle konnte in der Folge das Basler Comité pro Petite Camargue Alsacienne gebildet und für dessen Leitung der damalige Direktionspräsident der Balair, Henry Moser, gewonnen werden. Pitle nahm selber auch Einsitz im genannten Gremium. Die Sammlung von Mitteln bei der hiesigen Wirtschaft und den beiden Basel verlief sehr erfolgreich. Schliesslich konnte der zuständigen elsässischen Trägerorganisation die Summe von 2,2 Mio. französischer Franken übergeben werden. Die PCA hat übrigens auch für die Schweizer Seite in mancher Hinsicht grosse Bedeutung. Insbesondere beherbergt sie auch eine Forschungsstation der Universität Basel.

Aus der, wie angedeutet, beeindruckend grossen Zahl und Vielfalt an Projekten und Aktivitäten, die die Arbeit der Regio Basiliensis im ersten halben Jahrhundert ihres Bestehens ausmachten, soll lediglich noch das wohl bis heute publizitätsträchtigste Vorhaben kurz erwähnt werden, der Regio-Gipfel vom 15. Dezember 1989. Nicht zuletzt auch dank ausgezeichneter Verbindungen nach Paris und Bonn, über die die elsässischen und badischen Kooperationspartner der Regio Basiliensis verfügten, gelang es, für ein Treffen in Basel mit dem schweizerischen Bundespräsidenten Jean-Pascal Delamuraz und Bundesrat Adolf Ogi den Staatspräsidenten François Mitterrand und Bundeskanzler Dr. Helmut Kohl zu gewinnen. Die Begegnung stand ausdrücklich noch im Zeichen des 25. Geburtstags der Regio Basiliensis, ein grosses Kompliment an den Verein. Als fast sensationell könnte man bezeichnen, wie unmissverständlich die drei Staatschefs in ihrer Déclaration Tripartite Rhénane die grenzüberschreitende Zusammenarbeit im Dreiland teils eher generell, teils anhand konkreter Projekte guthiessen und propagierten. Auch am Gelingen dieser viel beachteten Zusammenkunft hatte Pitle einen wichtigen Anteil, galt es doch über eine längere Vorbereitungszeit immer wieder fördernd und unterstützend mitzuwirken.

Überhaupt verstand er über all die Jahrzehnte seines bewundernswerten Einsatzes für die Regio-Idee sein Umfeld unermüdlich zu motivieren, anzuregen und zu unterstützen. Das galt vorab für die Geschäftsführer der Regio

Basiliensis, Dr. Hans J. Briner und dessen Nachfolger ab 1992, Christian J. Haefliger. Das Engagement kam aber auch den Mitgliedern der Begleitgruppe und insbesondere deren Vorsitzendem zugute. Dies war, in der Nachfolge von Pitle, ab 1983 Jürg Schärer. Mit dem ab 2012 für eine Übergangszeit amtierenden Helmut Hersberger und Dr. Hans Martin Tschudi, der diese Funktion derzeit innehat, wie auch mit den Geschäftsführern, Dr. Eric Jakob, Inhaber dieses Amtes ab 2003, und Dr. Manuel Friesecke, der die Leitung der Geschäftsstelle 2012 übernahm, hatte Pitle nicht mehr als Präsident, sondern «nur» noch als Ehrenpräsident zu tun. Der Titel war ihm 2001 verliehen worden. Das Präsidialamt konnte er damals in die Hände von Dr. Georg Krayer legen, der es in der Folge bis 2011 ausübte, worauf es Frau Dr. Kathrin Amacker übernahm. Auch in dieser letzten Phase war aber stets offensichtlich, dass Pitle weiterhin die grenzüberschreitenden Bestrebungen und Entwicklungen mit grossem Interesse verfolgte und nach Kräften unterstützte, was sich auch bis zuletzt mit seinen Beiträgen und seiner Präsenz im Vorstand zeigte.

Im Übrigen schätzten auch die vielen verschiedenen Akteure und Partner der regionalen grenzüberschreitenden Kooperation in der übrigen Nordwestschweiz, in Baden und im Elsass die Zusammenarbeit mit Pitle. Dieser bildete mit seinem profunden Sachverstand und seiner unaufgeregten Art, die Dinge anzugehen, einen ruhenden Pol in der Abfolge der unvermeidlichen personellen Wechsel auf den für die Zusammenarbeit wichtigen Positionen. Zahllose Vertreterinnen und Vertreter aus Politik, Wirtschaft, Verwaltung, Universität oder Kultur trafen auf Pitle beim Beginn ihres grenzüberschreitenden Engagements und stellten bei dessen Beendigung fest, dass dieser viele Jahre später in alter Frische, leistungsfähig und leistungsbereit nach wie vor «auf Posten» war.

Trotz aller sprichwörtlichen persönlichen Bescheidenheit und Zurückhaltung konnten offizielle Ehrungen nicht ausbleiben. Und das war auch gut so. Zu wichtig und unübersehbar waren die Beiträge, die Pitle im Laufe der Jahrzehnte an Verbesserungen aller Art für das Leben im Dreiland erbracht hat. Die ihm nach seinem Rücktritt vom Präsidium durch den Verein verliehene Ehrenpräsidentschaft der Regio Basiliensis wurde schon genannt. Zuvor, nämlich 1996, hatte ihn die Bundesrepublik Deutschland für seine

Leistungen mit dem Verdienstkreuz 1. Klasse des Verdienstordens ausgezeichnet. Und im Jahre 2005 überbrachte ihm der französische Botschafter die Ernennung zum «Officier de l'Ordre National du Mérite de la République française». Zwei Jahre danach erhielt er noch den Ehrenpreis des Prix Bartholdi 2007, eine mit massgeblicher ideeller und finanzieller Unterstützung des Industriellen Dr. h.c. Georg H. Endress, eines grossen Förderers der trinationalen Kooperation, eigens für die Würdigung von Verdiensten um die grenzüberschreitende Zusammenarbeit geschaffene Auszeichnung. Schliesslich folgte 2015 nochmals eine heimische Ehrung in Form des Basler Sterns, der von einem privaten Komitee an Persönlichkeiten verliehen wird, die sich in besonderem Masse um die Stadt Basel verdient gemacht haben.

Das in Ausmass, Dauer und Qualität aussergewöhnliche Engagement von Pitle, das hier nur sehr rudimentär nachgezeichnet werden konnte, verdient grösste Anerkennung und den dauerhaften tief empfundenen Dank all jener, die heute mit grenzüberschreitenden Aufgaben betraut sind und auch immer wieder von den Vorleistungen von Pitle und seinen Mitstreitern profitieren können. Damit darf es aber nicht sein Bewenden haben. Vielmehr muss die Geschichte dieses unermüdlichen Pioniers auch eine permanente Aufforderung sein, weiterhin an Verbesserungen und Erleichterungen für den grenzüberschreitenden Austausch und Dialog in unserer Region zu arbeiten und damit das Zusammenleben in unserem wunderschönen Dreiland noch unkomplizierter und attraktiver zu gestalten.

Dr. Peter Gloor – «in dubio pro regio»

von Hans Martin Tschudi

Peter Gloor hat mein politisches Leben mitgeprägt. Schon als Generalsekretär des Basler Wirtschafts- und Sozialdepartementes habe ich Pitle, wie wir ihn alle liebevoll nannten, kennengelernt. Ich habe damals das zuständige Departement in der Begleitgruppe der Regio Basiliensis vertreten. Als ich dann 1997 als Regierungsrat das Dossier «Aussenbeziehungen» übernahm, war Pitle Gloor eine meiner wichtigsten Bezugspersonen in der trinationalen Aussenpolitik. Als versierter Präsident der Regio Basiliensis war er nicht nur unser Vorsitzender des Vorstandes, sondern vor allem die Verkörperung einer gelebten grenzüberschreitenden Kooperation. Ich erlebte ihn während Jahren als dossiersicheren und intelligenten Impulsgeber für neue Kooperationsideen, die er dann mit Energie vorantrieb. Die Zusammenarbeit mit ihm war stets kollegial, liebenswürdig und geprägt von seinem Basler Witz. Im Vordergrund seiner Arbeit stand das visionäre Erkennen neuer Trends am Oberrhein, aber auch die konkrete Projektarbeit. Pitle Gloor hat es meisterhaft verstanden, beide Aspekte zu fördern. Dank ihm hat die Regio Basiliensis seit ihrer Gründung 1963 die regionale Kooperation am Oberrhein entscheidend mitgeprägt. Sie hat zu den meisten der trinationalen Errungenschaften, auf welche die Region heute mit Stolz blicken kann, einen wesentlichen Beitrag geleistet. Während in den Anfangsjahren grenzüberschreitend-regionale Zusammenarbeit noch – mit wenigen Ausnahmen – ein Novum war, wird heute im zusammenwachsenden Europa die sogenannte «Mikrointegration» gross geschrieben und durch die Europäische Union im Rahmen ihrer Förderprogramme für die grenzüberschreitende Zusammenarbeit (z.B. Interreg) massiv unterstützt. Pitle Gloor hat diesen Prozess von Anfang an mitbegleitet und als Vermittler und Botschafter der grenzüberschreitenden Zusammenarbeit wichtige Beiträge geleistet.

In den ersten Jahrzehnten der Regio-Kooperation und ab 1971 im Auftrag der Kantone Basel-Stadt und Basel-Landschaft als «Interkantonale Koordinationsstelle der Regio Basiliensis (IKRB)» war der Verein vor allem als Impulsgeber und im Aufbau der Kooperationsgremien aktiv. Bereits in

den 1970er Jahren wird beispielsweise die Idee einer grenzüberschreitenden
Regio-S-Bahn lanciert. Mit der Unterstützung von Pitle Gloor erfährt die
grenzüberschreitende Zusammenarbeit am Oberrhein mit dem Gipfeltref-
fen im Jahr 1989 und in den darauffolgenden 1990er Jahren einen massgebenden Schub: Man kann hier mit Fug und Recht vom Übergang von der
Pionier- zur Umsetzungsphase in der Oberrhein-Kooperation sprechen.
Konkrete Projekte treten mehr und mehr an die Stelle von Planungen und
Programmen. Als Beispiele erwähne ich die «Trinationale Ingenieurausbildung», den «Dreiland-Ferienpass», die «INFOBEST PALMRAIN» für
grenzüberschreitende Fragen, den «Oberrheinischen Museumspass» oder
auch das «Grenzüberschreitende Schulbuch» und «Eucor» – die Konfödera-
tion der Universitäten am Oberrhein.

Pitle Gloor führte die Regio Basiliensis mit der zunehmenden Konkretisierung grenzüberschreitender Projekte und dem stärkeren Engagement
der Kantone in eine neue Entwicklungsphase: Der Verein mit seiner kanto-
nalen Koordinationsstelle wurde von der «Promotorin einer Idee» zur
«Dienstleisterin für eine Idee». Sie ist dabei mit ihrer Doppelstruktur – als
Aussenstelle der Kantone und als privatrechtlicher Verein – sowohl für die
offiziell-staatliche wie auch die privatrechtlich-kommunale Kooperation tätig.
Mit ihrer Nordwestschweizer Klammerfunktion ermöglicht sie zudem den
Partnern auf Schweizer Seite ein kostensparendes «Outsourcing» der Koope-
rationsdienstleistungen an eine ausgewiesene Kooperationsspezialistin. Im
Rahmen der Präsidentschaft von Pitle Gloor konnte 1996 der Kanton Aargau
als assoziiertes Mitglied der Deutsch-französisch-schweizerischen Oberrheinkonferenz und neben den beiden Basel als dritter Vertragskanton der IKRB
gewonnen werden. Am 1. Juni 2001 wurde dann die Aktualisierung des
«Bonner Abkommens» von 1975 vollzogen (Basler Abkommen) und die
Ausweitung des Tätigkeitsgebietes der Oberrhein-Kooperation auch de jure
vollzogen: Neu gehörten auch die Kantone Aargau, Jura und Solothurn offiziell und integral zum Mandatsgebiet.

Die Regio Basiliensis hat sich dank des Engagements von Pitle Gloor
beachtliche Verdienste um die Entwicklung der oberrheinischen Zusammenarbeit erworben. Sie ist ein wichtiges Element in dieser Kooperation und er-
bringt durch ihre breite Abstützung in Wirtschaft, Wissenschaft und Kultur

zentrale Dienstleistungen für alle an der grenzüberschreitenden Zusammenarbeit interessierten öffentlichen und privaten Stellen. Sie dient zudem brei-
ten Bevölkerungskreisen als Identifikationsmerkmal für eine harmonische
Öffnung der Region hin zu den europäischen Nachbarn. Pitle Gloor äus-
serte 1998 in einem Interview den Wunsch, dass sich die Generationen seiner Kinder und Grosskinder vermehrt bewusst werden, wie wichtig die Zusammenarbeit in unserer trinationalen Grenzregion ist, und dass wir alle im
gleichen europäischen Boot sitzen. Dieser Wunsch hat sich erfüllt, doch an
uns allen liegt es, die Errungenschaften zu wahren und die Zusammenarbeit
in unserer Region im Geiste von Pitle Gloor fortzuführen und zu vertiefen.

Vita in Erinnerung an Dr. Peter Gloor

von Michael Pfeifer

Peter Gloor wurde am 24. April 1926 in Basel geboren. Er besuchte die Schulen in Basel, die er mit der Matura am Humanistischen Gymnasium abschloss.

Peter Gloor war ein begeisterter Pfadfinder und brachte es bis zum Feldmeister. Dem Studium der Rechte in Basel, begleitet von einer Mitgliedschaft in der Studentenverbindung Zofingia, folgten die Dissertation und die Promotion im Herbst 1949 zum Dr. iur. Anschliessend folgten Aufenthalte für Sprachen und Rechtskurse in Paris, London und Cambridge.

1952 bestand Peter Gloor das basel-städtische Advokaturexamen und 1955 das Notariatsexamen.

Im Januar 1953 trat er ins Advokatur- und Notariatsbüro Schiess & Schmid ein, heute VISCHER AG. Im selben Jahr folgte die Heirat mit Lislott, geborene Christ. Der Ehe entsprossen Zwillingstöchter und ein Sohn. Heute trauern auch zahlreiche Grosskinder um Peter Gloor.

Den Militärdienst leistete er in der Infanterie. Der begeisterte Offizier beendete seine Karriere als Regimentskommandant. Er war auch Richter im Divisionsgericht 4.

1957–1962, also sehr jung, war Peter Gloor Zentralpräsident des Schweizerischen Hilfswerks für aussereuropäische Gebiete (heute HELVETAS). Er empfand dieses als sehr interessante und für ihn persönlich wertvolle Tätigkeit, als «Vermittler» zwischen ganz verschiedenen politischen Richtungen.

1959 war Peter Gloor, als Folge dieser Tätigkeit in der Entwicklungshilfe, Mitbegründer der von der Wirtschaft getragenen «Schweizerischen Stiftung für technische Entwicklungshilfe» (heute «Swisscontact, Schweizerische

Stiftung für technische Entwicklungszusammenarbeit»). Ihm galt das Ne-
beneinander und Miteinander der beiden Hilfswerke als Ziel!

1963 war Peter Gloor Mitinitiant/Mitgründer der Regio Basiliensis als Lan-
desgrenzen überschreitende Organisation der Zusammenarbeit. Er war erster
Präsident der Arbeitsgruppe Regio Basiliensis und seit 1983 Präsident der
Regio Basiliensis. Zu den Höhepunkten der Regio-Basiliensis-Tätigkeiten
von Peter Gloor zählte zweifellos 1989 das Treffen der Staatschefs Mitterrand,
Kohl und Delamuraz in Basel, das er eröffnen durfte.

Sichtbarer Ausfluss seiner Regio-Basiliensis-Verbundenheit waren 1996 die
Verleihung des deutschen Bundesverdienstkreuzes und 2005 die Ernennung
zum Officier de l'Ordre National du Mérite.

Als ganz besonders anspruchsvolle Aufgabe empfand Peter Gloor die Koor-
dination der Verhandlungen zwischen dem Kanton Basel-Stadt, dem Regie-
rungspräsidium Südbaden und dem Département Haut-Rhin und der No-
vartis im Zusammenhang mit der Aufhebung der Hüningerstrasse und
deren Ersatz; ein Unterfangen, das letztlich den Grossbasler Rheinuferweg
ermöglichte.

Während über zehn Jahren war Peter Gloor Präses der Basler Advokaten-
kammer.

Lange Jahre diente er als Präsident der Baselstädtischen Liga gegen Tuber-
kolose und der Lungenkontrollstelle. In dieser Zeit erfolgten eine totale
Reorganisation und ein sukzessiver Ausbau der Einrichtung zu einer poli-
valenten Fürsorge in Zusammenarbeit mit anderen Ligen.

Politisch war Peter Gloor stets Mitglied der Liberalen Partei und dort spo-
radisch für gewisse Aktionen tätig.

Von Herbst 1988 bis Frühling 1990 war Peter Gloor Präsident der Statis-
tisch-Volkswirtschaftlichen Gesellschaft Basel.

Bis kurz vor seinem Tod kam Peter Gloor jeden Tag ins Büro. Ihm war der Beruf Hobby.

Abbildungsteil

Peter Gloor in jungen Jahren

Peter Gloor im Gespräch mit Teilnehmern der Conférence Tripartite 1975
im Wenkenhof Riehen

Peter Gloor und Bundesrat Pierre Aubert 1983 anlässlich des Jubiläums
20 Jahre Regio Basiliensis

Stabswechsel an der Generalversammlung der Regio Basiliensis 1992:
Peter Gloor, Christian J. Haefliger und Hans J. Briner

Peter Gloor und Hans J. Briner 1992

Peter Gloor Ende der 1990er-Jahre

Hans J. Briner, Erwin Teufel, Ministerpräsident von Baden-Württemberg,
und Peter Gloor anlässlich einer Tagung am 10. Dezember 1993 in Basel

Peter Gloor nach der Auszeichnung als «Officier de l'Ordre National du Mérite de la République française» bei der Generalversammlung der Regio Basiliensis 2005

II. Auszeichnungen für Dr. Peter Gloor

Rede zur Verleihung des Basler Sterns an Dr. Peter Gloor am 23. November 2015

von Hans-Peter Platz

Im Mai 2016 ist es genau 70 Jahre her, dass auf dem provisorischen Flugplatz Basel-Mulhouse das erste Zivilflugzeug landete: auf einer provisorischen Piste, die innerhalb von nur zwei Monaten von alliierten Truppenverbänden angelegt wurde.

Unmittelbar nach dem Ende des Zweiten Weltkrieges war dies nicht nur ein Wunder, sondern auch ein Zeichen der Zuversicht in doch noch ziemlich düsterer Zeit.

Seither wird das «Miracle de Blotzheim» immer wieder zu Recht zitiert und als beispielhaft für die Vitalität der grenzüberschreitenden Zusammenarbeit bezeichnet, auch wenn der heutige EuroAirport immer wieder längere Durststrecken überstehen und um seine Existenz zittern musste.

Aber – und dies ist vielleicht das wirkliche «Miracle» – immer fanden sich Pioniere und Gruppierungen, die zusammenwirkten, um das «Tor der Welt» offen zu halten. Moritz Suter und seine Crossair gehörten dazu und heute ist es Easyjet, die jenes Potenzial des Flughafens ausschöpft, das die Swissair in ihren Glanzzeiten immer für unbedeutend hielt.

Trotz dem frühen Höhenflug in der Nachkriegszeit dauerte es, bis sich die Nachbarschaftsbeziehungen in der grenzüberschreitenden Region Basel wieder entkrampften. Vorerst waren es vorwiegend private Kanäle, über die Nothilfe aus der Schweiz in die kriegsgeschädigten Gebiete beiderseits des Rheins geleistet wurde. Und es galt auch, mentale Vorbehalte abzulegen, die sich während des Krieges in der ziemlich isolierten und exponierten Grenz- und Frontstadt Basel gegenüber dem kriegsführenden nationalsozialistischen Reich aufgebaut hatten.

Leichter fielen anfänglich die persönlichen Kontakte ins befreite Elsass, auch wenn die energisch und konsequent betriebene französische Renationalisierung offiziell wenig zuliess.

Erst in den frühen Sechzigerjahren brachten wachsender Wohlstand, Wirtschaftswunder und deutsch-französische Aussöhnung so etwas wie ein grenzüberschreitendes Bewusstsein in den Alltag der Region zurück.

Aber die Stadt Basel setzte in den Jahren der einsetzenden Hochkonjunktur konsequent auf Binnenwachstum. Und die Bausünden aus dieser Zeit verunzieren das Stadtbild noch heute. Die städtische Entwicklungspolitik war damals einseitig auf eine «Wiedervereinigung beider Basel» ausgerichtet. Was sich später real- und regionalpolitisch als impotent erweisen sollte.

Doch im September 1961 erschien in den Basler Nachrichten ein Gastbeitrag unter dem provozierenden Titel «Wird Basel eine Provinzstadt?».

Gefordert wurde darin eine langfristige und vor allem weitsichtige Zukunftsplanung nicht nur für die Stadt, sondern für das ganze Gebiet von Basel über den Jura, den Schwarzwald, zu den Vogesen bis in die oberrheinische Tiefebene. Kurz gesagt, für die ganze grenzüberschreitende Region, was seinerzeit schon deshalb völlig utopisch klang, weil «Regio» als Begriff und Bestandteil einer Entwicklungsstrategie noch gar keine Bedeutung hatte. Auch die im Artikel geforderte Gründung eines regionalen «Development Board» für die Entwicklung einer weitreichenden grenzüberschreitenden Zukunftsplanung schien kaum «machbar».

Der Artikel wurde deshalb nicht nur beachtet und diskutiert, sondern sofort auch «als Luftnummer» eines «Utopisten» diffamiert.

Der Autor, Dr. Hans. J. Briner, war allerdings bereits ein gewiefter Taktiker, der als Mitglied der Waffenstillstandskommission in Korea diplomatisches Geschick praktiziert hatte und als aktiver und erfolgreicher Hochspringer des BSC Old Boys auch schon früh gelernt hatte, hohe Ziele zu überspringen.

Bereits vor der Publikation seines Artikels hatte Hans Briner seine Idee und eine mögliche Umsetzung mit Freunden aus der Studienzeit und Bekannten getestet und diskutiert. Dieser Gruppe junger Basler gelang es schliesslich auch, führende Persönlichkeiten aus der Privatwirtschaft und der Politik für ihre Ideen zu begeistern.

Und aus Arbeitspapieren und Sitzungsprotokollen wurde Realität, was anfänglich für denkbar, aber nicht realisierbar gehalten wurde: am 25. Februar 1963 konnte die «Arbeitsgruppe Regio Basiliensis» gegründet werden.

Um eine Fokussierung der geplanten Aktivitäten auf die Bedürfnisse der Stadt Basel zu vermeiden, wurde in einem Zweckartikel festgehalten: «Zweck der Arbeitsgruppe ist die Planung und Förderung der wirtschaftlichen, politischen und kulturellen Entwicklung des als REGIO bezeichneten Raumes, der das ganze durch Jura, Schwarzwald und Vogesen begrenzte Gebiet am Rhein umfasst.»

Erläutert wurde diese grundlegende Formulierung gegenüber der Presse und der Öffentlichkeit vom juristischen Beistand und Gewissen der Initianten, dem Basler Anwalt Dr. Peter Gloor.

Das Gespann Briner und Gloor arbeitete in der Folge in beeindruckender Kontinuität während Jahren zusammen an der praktischen Umsetzung ihrer Regio-Vision. Briner im Fach «Sturm und Drang», Gloor als Brückenbauer und Botschafter im trinationalen Aussendienst.

Und es darf an dieser Stelle nicht vergessen werden, dass zu den aktiven Geburtshelfern Andreas Speiser, Gaudenz und Max Staehelin gehörten.

Seit der hier nur rudimentär gestreiften Gründungsgeschichte der «Regio» ist mehr als ein halbes Jahrhundert vergangen und man könnte nun den Nachweis verlangen, was in dieser Zeit an praktischer Arbeit für die Region geleistet wurde. Und was, um mit der jüngeren Generation zu fragen, ist um Himmels Willen eigentlich diese «Regio Basiliensis»?

Ich kann es heute Abend aus innerer Überzeugung kurz machen: Die nach Hans Briner von Christian Haefliger, Erich Jakob und heute Emanuel Friesecke geleitete Geschäftsstelle der Regio Basiliensis wurde praktisch zum Aussenministerium der ganzen grenzüberschreitenden Region. Und ohne die von ihr in Jahrzehnten aufgebauten institutionellen und repräsentativen Netzwerke und Plattformen ist eine grenzüberschreitende Zusammenarbeit in unserer Region gar nicht mehr möglich.

Bereits 1985 bestätigte der deutsche Bundesminister Wolfgang Schäuble in Basel an der Generalversammlung der Regio Basiliensis diesen Sachverhalt: «Es gibt kaum eine Stadt und kaum einen Raum, die geeigneter sind, um sowohl Notwendigkeit als auch Erfolg einer Zusammenarbeit über die Grenzen hinweg aufzuzeigen als Basel und der Oberrhein.»

Und Wolfgang Schäuble hat auch mitgeholfen, dass am 15. Dezember 1989 der sogenannte Regio-Gipfel in Basel durchgeführt werden konnte, bei dem Bundeskanzler Helmut Kohl, Präsident François Mitterrand und die Bundesräte Adolf Ogi und Pascal Delamuraz die «Déclaration tripartite rhénane» unterzeichnet haben, in der die Regio-Idee und die trinationale Zusammenarbeit explizit gewürdigt wurden und ein Zehnpunkte-Programm für die Folgejahre auf den Gebieten Verkehrsverbindungen, Umwelt, Bildung und Hochschulzusammenarbeit festgehalten wurde.

Die Regio Basiliensis als Institution bildete in den vergangenen Jahrzehnten ein übergeordnetes Dach über eine kaum mehr zu überschauende Zahl von Initiativen, Projekten und Vereinbarungen, die das Zusammenleben in der Region entscheidend gefördert, erleichtert und verbessert haben.

Und wenn nun in jüngster Zeit selbst im angeblich weltoffenen und urbanen Basel wieder Abschottungstendenzen verbreitet werden und im Zusammenhang mit den Währungsschwankungen zwischen Euro und Schweizerfranken geradezu Phobien in Sachen Einkaufsverhalten in der Region entwickelt werden, so muss in der aktuellen Situation daran erinnert werden, dass der selbstverständliche und ungehinderte Austausch von Waren und Menschen in unserer Region nicht einseitige Vorteilsnahme von schwankenden Wechselkursen ist, sondern gelebte und erdauerte Normalität für rund eine Million Menschen im Dreiland, die in einem inzwischen privilegierten Nachbarschaftsverhältnis zusammenleben können.

Daran beteiligt waren und sind viele Persönlichkeiten aus der Schweiz, aus Deutschland und Frankreich, welche die Regio-Idee aufgenommen, vorangetrieben und weiterentwickelt haben. Ihnen allen soll heute Abend gedankt werden in der Hoffnung auch auf Durchhaltevermögen in schwieriger Gegenwart.

Die Gründung der Regio Basiliensis war vielleicht die wichtigste und folgenreichste Pioniertat in der zweiten Hälfte des letzten Jahrhunderts in der Region Basel. Und niemand repräsentiert diesen Pioniergeist und die mit der Regio-Arbeit verbundene Beharrlichkeit besser als ihr Gründungsvater, ihr Gründungspräsident, langjähriger Präsident und Ehrenpräsident.

Eine Persönlichkeit, die bereits Träger des Bundesverdienstkreuzes 1. Klasse der Bundesrepublik Deutschland, Officier de l'Ordre National du Mérite de la République française und Träger des Prix Bartholdi geworden ist. Höchste Zeit also für eine späte, bescheidene, aber durchaus ernsthafte Auszeichnung aus Basel: Der Basler Stern 2015 geht deshalb mit Überzeugung an Dr. Peter Gloor.

Ansprache zur Auszeichnung von Dr. Peter Gloor als «Officier de l'Ordre National du Mérite» am 20. Mai 2005

von Jacques Rummelhardt, Botschafter

Sehr geehrter Präsident
Meine Damen und Herren

Es ist für mich eine grosse Ehre – grosse Freude –, es ist mir ein Privileg, anlässlich dieser Generalversammlung der Regio Basiliensis Herrn Dr. Peter Gloor in öffentlichem Rahmen Frankreichs Referenz zu erweisen. Ich danke Ihnen dafür! Diese Ehrbezeugung ist die Verleihung eines Ordens im Namen des Präsidenten der französischen Republik. In dieser Angelegenheit bin ich selbstverständlich nur ein Werkzeug, ein Instrument, ein Vermittler. Herrn Gloor zu ehren, ist ein persönlicher Entscheid des Präsidenten der französischen Republik. Das bedeutet, dass Sie einer Zeremonie beiwohnen werden – ja, es wird eine kurze Zeremonie sein – Sie können sich beruhigen, – aber Zeremonie, das heisst Ritual und dieses Ritual beinhaltet die Tatsache, dass die Verleihung eines Ordens im Namen des Präsidenten der französischen Republik von der Seite des Vermittlers nur in französischer Sprache geschehen darf!

Alors – ça va aller vite parce que déjà on m'a dit que notre héros de ce soir aimait que les choses aillent rapidement, vraiment c'est un homme qui n'aime pas les bavardages – les réunions se déroulent vite avec lui!

Monsieur Peter Gloor est né évidemment à Bâle en 1926. Il a fait des études de droit à Bâle, à Paris et à Cambridge et son activité professionnelle était un grand cabinet d'avocat qui s'est appelé «Gloor, Christ» et qui aujourd'hui s'appelle Vischer. Mais je dois vous avouer que ce n'est pas sa brillante carrière d'avocat et de notaire, qui elle seule aurait suffit, qui a attiré l'attention du Président de la République. Ce soir je ne décore pas un homme politique, un militaire, un diplomate, un savant, un universitaire, un artiste, un sportif… non, celui que je décore est l'inspirateur, l'animateur, le visionnaire d'une réalité, c'est-à-dire la nécessité de la coopération trans-frontalière. La nécessité de faire en sorte que les femmes et les hommes qui ont pu être séparés, fractionnés, segmentés par ces cicatrices de l'histoire que l'on appelle des frontières – eh bien qu'ils vivent ensemble, c'est mieux! En 1963 avec d'autres il fonde la Regio Basiliensis, il est président de l'Arbeits-gruppe, c'est-à-dire ceux qui travaillent, qui font avancer des choses. Il de-vient président de la Regio Basiliensis en 1983, il le restera jusqu'en 2001 et depuis il est président d'honneur. Il sera le représentant de la Suisse à la Commission du Rhin Supérieur puis ils fondent (l'Arbeitsgruppe) la Regio-TriRhena. Il en est d'abord président et puis maintenant il est vice-président – c'est une renonciation au pouvoir qui est remarquable et exemplaire – je di-rais «très suisse» – c'est très bien. Cet homme s'est engagé pour les femmes et les hommes de cette région. Ce n'est pas seulement lui qui l'a fait, mais il a été le sel de la terre, il a été l'animateur. C'est lui qui a fait par exemple en 1989 que Jean-Pascal Delamuraz, François Mitterrand et Helmut Kohl sont venus à Bâle pour faire une déclaration sur la coopération transfrontalière. Alors, bien sûr il fallait du courage, et il en a eu, il fallait avoir un profond «Sinn für das Machbare», un sens pratique, concret parce que les esprits étaient naturellement sceptiques. On disait – on dit parfois d'ailleurs encore – mais tout ça sont des propos de l'école du dimanche, on va nous fabriquer ce que les français appellent des «usines à gaz bureaucratiques». Et c'est vrai, ce n'était pas évident de le faire parce que nos structures juridiques, nos struc-tures administratives sont différentes. Et puis parlons franchement entre nous – moi je suis Mulhousien et je sais qu'il faut se parler directement: l'*Alleingang* Suisse ne crée pas un terrain fertile pour cette coopération alors que ce qui existe entre la France et l'Allemagne, qui appartiennent au même marché, à la même unité politique, à la même monnaie, au même espace de sécurité et de liberté qui s'appelle Schengen/Dublin – là c'est moins difficile. Mais en fait Monsieur Gloor, il a vu, il a développé, était l'âme de cette coopération transfrontalière non seulement se référant à des éléments du passé qui sont sympathiques, qui sont réels, qui comptent, qui font que, par exemple, dans la plus vieille salle de l'hôtel de ville de Bâle il y a les armes de ma ville, de Mulhouse, mais il n'y a pas les armes d'autres capitales de cantons suisse. Mulhouse c'est la seule ville à ma connaissance au monde, avec Rottweil au Pays de Bade, où il y a sur sa place en ville une statue de Guillaume Tell. L'université de Mulhouse est la seule au monde où on donne des cours qui s'appellent «études helvétiques» pour essayer d'apprendre aux jeunes Mulhousiens, aux jeunes Alsaciens comment travailler avec vous. Alors ils travaillent, bien sûr, 9% des salariés du Grand Bâle sont des citoyens français. Nous avons un aéroport commun – et puis, détails qui vous échappe, peut-être en lisant votre journal de tous les jours, le journal «Basler Zeitung», c'est que la Basler Zeitung se vend 1,70 € pour l'Alsace, 2 € für das ganze übrige Euroland. Alors, bien sûr, il y a encore des choses à faire – et puisque nous sommes entre nous, je voudrais vous dire que j'ai une petite tristesse du moment, parce que avec les Suisses faire monter quelque chose d'original... ! Ça va être lancé dans quelques semaines: c'est une fondation scientifique franco-suisse – alors c'est original parce qu'on a réussi à mettre un tout petit peu à côté les États centraux, l'administration parisienne qui est terrible (j'y appartiens) et Berne y sont d'accord – mais il y a surtout trois régions françaises : Rhône-Alpes, la Franche-Comté et l'Alsace. Il y a six cantons suisse et puis il en a deux qui hésitent à venir qui ne veulent pas vraiment participer à cet œuvre, je dirais ce mouvement d'échanges scientifiques avec des retombées économiques, le public, le privé, un magma – pas des cartésiens, mais qui devrait être pragmatique, qui devrait fonctionner. Bon, j'espère qu'on n'aura pas de regrets. Et puis il faut continuer dans notre élan. Nous n'avons pas le droit, comme le Faust de Goethe, de dire: «...verweile doch, du bist so schön». Non, non, non – il faut continuer, il faut se servir de l'esprit que – vous me permettrez de dire – Pitle Gloor nous a appris. Cet homme discret, cet homme efficace, cet homme courageux, cet homme plein d'humour, aujourd'hui la France veut lui exprimer sa reconnaissance. C'est pourquoi, au nom du Président de la République, en vertu des pouvoirs qui me sont conférés, je vous remets, Peter Gloor, les insignes «d'Officier de l'ordre National du Mérite»!

Rede zur Verabschiedung von Dr. Peter Gloor als Präsident der Regio Basiliensis am 25. Juni 2001

von Alois Rübsamen, Landrat

Lieber Herr Präsident Dr. Gloor, verehrte Gäste!

Brücken sind besondere Bauwerke. Sie sprechen unser Empfinden an. Neben ihrer natürlichen Aufgabe, dem Verkehr neue Wege zu erschliessen, verbinden sie doch in erster Linie uns Menschen miteinander, lassen uns näher zusammenrücken. So gesehen eröffnen uns Brücken neue Wege, neue Gedanken und Möglichkeiten.

Heute verabschieden wir mit Dr. Peter Gloor einen hervorragenden «Brückenbauer», der nicht nur geschätzt ist in der Regio Basiliensis, sondern auch bei unseren Nachbarn im Elsass und auf der badischen Seite. Herr Dr. Gloor hat sich mit seinem jahrzehntelangen Engagement in der grenzüberschreitenden Zusammenarbeit bleibende Verdienste und grosse Anerkennung erworben. Er hat Akzente in der grenzüberschreitenden Zusammenarbeit, aber auch im menschlichen Bereich gesetzt.

Es ist für mich eine besondere Ehre, heute eine Persönlichkeit verabschieden zu dürfen, die von Anbeginn der Regio-Idee und der grenzüberschreitenden Zusammenarbeit am Oberrhein vor allem in der Pionierphase der 1960er und 1970er Jahre ihren individuellen Stempel aufdrückte. Sie sind nicht nur von Hause aus Anwalt, sondern waren und sind auch ein engagierter Anwalt und «Motor» der Regio!

Basel war mit der Gründung der Regio Basiliensis im Jahre 1963 sicherlich die Wiege der grenzüberschreitenden Zusammenarbeit. Einer der wichtigen Taufpaten, die das «Kind» in allen Phasen betreute und ihm stets mit Rat und Tat zur Seite stand, waren Sie, lieber Herr Dr. Gloor – und das bis zum heutigen Tage. Dank Ihrer pragmatischen, beharrlichen und dennoch behutsamen Art ist das «Kind» Regio erwachsen geworden. Zwei Jahre nach der Gründung der Regio Basiliensis, also im Jahre 1965, wurde auf der elsässischen Seite die Regio du Haut-Rhin und erst 1985 die Freiburger

Regiogesellschaft gegründet. Ich will nun nicht weiter dem Gedanken nachgehen, warum die deutsche Seite erst 20 Jahre später folgte. Die Ursachen sind in den unterschiedlichen Strukturen, aber auch in den Problemen der Abgrenzung zu suchen. Wir im unmittelbaren Dreiland verstehen uns als direkte Nachbarn; die Grenze gehört bei uns zum Alltag. Die Grenzen haben aber nicht mehr das Trennende, sondern haben gerade in Zeiten eines zusammenwachsenden Europas verbindende und dynamische Effekte; wir sehen in unserer Lage mit den Grenzen in erster Linie auch eher Chancen, die sich aus dem Miteinander ergeben.

Nach dem Zeiten Weltkrieg war es nicht weit her mit der grenzüberschreitenden Zusammenarbeit der Institutionen. Unvergessen bleibt aber die vorbildliche unmittelbare Hilfe der Schweizer Nachbarn für die vom Krieg betroffene deutsche Bevölkerung. Erst allmählich begann in den 1960er Jahren wieder das grenzüberschreitende Miteinander. Man suchte wieder den Kontakt zum Nachbarn. Anfang der 1970er Jahre wurde die Conférence Tripartite gegründet. Schon damals haben Sie sich dafür eingesetzt, dass sich Basel mehr den südbadischen und elsässischen Nachbarn öffnet.

Die zweite Phase zu Beginn der 1980er Jahre – seit 1983 sind Sie Präsident der Regio Basiliensis – ist der Abschnitt der gegenseitigen Information. Dort wurden unter anderem wichtige Absprachen im Katastrophenschutz und in der Umwelt- und Planungsinformation getroffen. Die dreiseitige Regierungskommission mit der Kommission Tripartite wurde gegründet; sie wurde 1989 zur Oberrheinkonferenz umorganisiert. Es war auch die Zeit der Nachbarschaftsgespräche, des Gedankenaustauschs mit der Basler Regierung und anderen Institutionen.

Die dritte Phase wurde Anfang der 1990er Jahre eingeläutet: Es ging um die Realisierung konkreter Schritte und Massnahmen. Das Zusammenleben in der Regio ist lebendiger geworden. Die grenzüberschreitende Zusammenarbeit macht auch volkswirtschaftlich Sinn.
Lassen Sie mich einige Projekte beispielhaft anführen:
* Die trinationale Ingenieurausbildung mit den Standorten Mulhouse, Muttenz und Lörrach, heute oft als europäisches Bildungsmodell gepriesen.
* Das Entwicklungskonzept «Trinationale Agglomeration Basel» – eine Zukunft zu dritt, mit der wir unsere Planungen besser abstimmen wollen.

Selbst Insidern ist nicht immer bewusst, dass es in Europa kaum einen Landstrich gibt, wo so viele Menschen in drei Nationen auf engstem Raum zusammenleben: über eine Million in einem Umkreis von 30 Kilometern!

- Die Regio-S-Bahn, die endlich an Fahrt gewinnt; ein Projekt, das von der Regio Basiliensis und von Ihnen, lieber Herr Dr. Gloor, immer mit Nachdruck unterstützt wurde.
- Ich denke an grenzüberschreitende Tarife im ÖPNV oder
- an die Zusammenarbeit der Rheinhäfen Basel und Weil am Rhein, um ein attraktives Angebot für den Transport von Massengütern zu ermöglichen.
- Als weiteres Beispiel möchte ich die Abfallwirtschaft anführen mit der Verbrennung des Mülls in Basel.
- Gemeinsam tragen und betreiben wir INFOBEST Palmrain, die Informations- und Beratungsstelle für die Bürgerinnen und Bürger sowie Verwaltungen der drei Länder und
- als jüngstes Kind die Nachbarschaftskonferenz, in der sich die Gewählten der drei Länder mit den Aufgaben und Problemen des engeren Verflechtungsraums um Basel beschäftigen wollen.

In jeder guten Nachbarschaft gibt es aber auch strittige Themen, wenn ich etwa an die Diskussion um den Flughafen denke, die uns noch eine Weile beschäftigen wird.

Entscheidend sind bei solchen Entwicklungen vor allem die handelnden Personen – und da konnten wir immer auf Dr. Peter Gloor zählen! Wir sind in der grenzüberschreitenden Zusammenarbeit gut angekommen und haben viel erreicht. Wir sind auf einem guten Weg.

Oft wird die Vielzahl der Gremien in der grenzüberschreitenden Zusammenarbeit kritisiert. Man kann es aber auch durchaus positiv sehen. Es unterstreicht nämlich die Vielfalt der Kontakte und Kommunikationsmöglichkeiten. Ich bin davon überzeugt, dass die grenzüberschreitende Zusammenarbeit vor allem auch von kommunalen Initiativen profitieren kann, weil wir näher an der Bevölkerung sind. Die Menschen wünschen mehr denn je überschaubare und bürgernahe Bereiche.

Ich glaube, dass Basel selbst künftig noch stärker gefordert ist, für das Umland als dessen Zentrum eine wichtige Rolle zu übernehmen. Das heisst, nicht dominieren; das heisst aber, einbinden, gemeinsam gestalten, denn: Gemeinsam sind wir stärker!

Bis März dieses Jahres waren Sie, lieber Herr Dr. Gloor, auch Präsident des Rats der RegioTriRhena. Sie haben versucht, mit Ihrer besonnenen, pragmatischen Art die RegioTriRhena auch juristisch auf einwandfreie Beine zu stellen, was aber ein schwieriges Unterfangen ist.

Sehr geehrter Herr Dr. Gloor, so interessant und vielseitig die grenzüberschreitende Zusammenarbeit ist, so ist sie oft auch ein «Bohren in dicken Brettern». Die Unterschiede im Staatsaufbau, im Recht, in den Verwaltungen machen es uns zuweilen schwer. Dies darf uns aber nicht am Denken und Handeln für die Region hindern.

Sie haben sich immer mit Freude, mit Augenmass und Beharrlichkeit in der grenzüberschreitenden Zusammenarbeit engagiert und die Interessen der Region mit Entschiedenheit wahrgenommen. Der Brückenbauer Peter Gloor ist ein Gewinn für unsere Region! Er hat sich mit seiner menschlich verbindlichen Art Sympathien und grosse Wertschätzung erworben. Wir brauchen Persönlichkeiten wie Sie, wenn wir in unserem Dreiland am Oberrhein weiterkommen wollen. Zu dritt haben wir nicht nur eine Chance, sondern alle Chancen für eine gute Zukunft.

Für Ihr Engagement darf ich Ihnen im Namen der badischen Seite, aber auch persönlich ganz herzlich danken und Ihnen für Ihre Zukunft alles Gute wünschen.

Als kleines Zeichen des Dankes, aber auch als Erinnerung darf ich Ihnen die Wappenscheibe des Landkreises und einen guten Tropfen aus unserem Kreisweingut überreichen.

Rede zur Verabschiedung von Dr. Peter Gloor als Präsident der Regio Basiliensis am 25. Juni 2001

von Daniel Hoeffel, Minister und Senator

Verabschiedung des Präsidenten Dr. Peter Gloor
«Rückblick und Ausblick auf die oberrheinische Zusammenarbeit»

Zum dritten Mal habe ich heute Abend die Ehre, vor den Mitgliedern der Regio Basiliensis das Wort zu ergreifen.

1981 hatten Sie den damaligen Verkehrsminister Frankreichs eingeladen. Die im selben Jahr stattfindenden Wahlen sorgten jedoch dafür, dass ich lediglich als elsässischer Nachbar nach Basel kam, um über die Verkehrswege am Oberrhein zu reden. 1994 war ich als Raumordnungsminister verpflichtet, klarzustellen, dass eine Rede des damaligen Premierministers in Strasbourg nicht als Misstrauensäusserung gegenüber der Oberrheinkooperation ausgelegt werden sollte. Dies erschien mir damals wichtig, um eventuelle Missverständnisse auszuräumen.

Und heute Abend geht es darum, mit Dr. Peter Gloor einen Mann zu würdigen, dem die grenzüberschreitende Zusammenarbeit am Oberrhein vieles zu verdanken hat. Und wenn ich das sage, so bitte ich Sie, mir zu glauben, dass dies aus meiner tiefen Überzeugung geschieht, selbst wenn ich aus dem nördlichen Elsass komme, das manchmal von Basel aus gesehen etwas weit entfernt erscheint. Und es ist wichtig, daran zu erinnern. Und dies will ich in aller Klarheit hervorheben, dass wir geographisch wie auch kulturell demselben gemeinsamen Raum angehören!

La coopération transfrontalière est aujourd'hui reconnue y compris en France, comme un élément naturel et comme un phénomène qui préfigure et entraîne la coopération entre Etats. C'est un laboratoire où ce sont les hommes et les femmes qui sont au cœur du travail en commun, davantage que les traités et les règlements. Et parmi ceux qui ont œuvré dans ce sens et qui ont contribué à fonder les relations sur la spontanéité et sur la nécessité de répondre d'abord aux besoins de la vie quotidienne de nos concitoyens, M. Peter Gloor tient une place de choix.

Wer könnte bestreiten, dass wir in unserer Dreiländerregion, wo Grenzgänger in grosser Zahl täglich pendeln, wo Betriebe sich über Grenzen hinweg niederlassen, wo sich Einwohner und besonders auch die Jugend daheim fühlen, Impulse bedürfen, um die bestehenden Verflechtungen so positiv wie möglich zu gestalten. Impulse müssen jedoch von Personen ausgehen, die an einen solchen Auftrag glauben und somit anspornend wirken können, und wie man bei uns sagt, es fertigbringen, dass alle am selben Strang ziehen. Dr. Peter Gloor hatte die Eigenschaften dazu und ich erinnere mich an die zahlreichen Sitzungen der sehr offiziellen Oberrheinkonferenz, aber auch an Tagungen des Europarates über die grenzüberschreitende Kooperation, in denen Peter Gloor durch seine Erfahrung, seine nüchternen Analysen und seine Weisheit tatkräftig die Interessen der Regio vertrat und dazu beitrug, die Weichen in die gewünschte Richtung zu stellen.

Der talentvolle Jurist, der er ist, und der fest verwurzelte Basler, der er bleibt, sind zwei Trümpfe, die ihm in dieser Mission wertvoll waren.

En près de 40 ans, en tant que cofondateur et Président du Groupe de travail de la Regio d'abord et en tant que Président de la Regio Basiliensis ensuite M. Gloor a su donner toute la mesure. Il a su contribuer à ce que sous sa présidence le développement de l'Union concrétisée par les fonds structurels n'entraîne pas une césure au sein de la Région du Rhin supérieur. Il est, en effet, indispensable que la cohérence de notre Région reste préservée grâce à des accords bilatéraux entre l'Union Européenne et la Suisse, prélude à d'autres rapprochements. Mais je me garderai d'empiéter sur ce qui relève de la décision de la confédération helvétique, même si l'on peut exprimer le souhait qu'un jour notre appartenance commune à l'Union européenne puisse renforcer nos atouts et nos chances.

Wenn ein Pionier und Wegbereiter wie Peter Gloor sich verabschiedet, so geht es nicht nur darum, ihm unseren Dank für das Geleistete auszusprechen, und dies von jedem unserer drei Länder. Dies ist im öffentlichen Leben nicht immer selbstverständlich. Heute Abend jedoch ist dies für uns alle ein Bedürfnis. Es geht aber auch darum – und dies entspricht bestimmt Dr.

Gloors Wunsch – den Anlass von heute Abend zu nutzen, um einen positiven und vertrauensvollen Ausblick in die Zukunft zu werfen.

Mehr denn je sollten wir davon ausgehen, dass sich die Zusammenarbeit der Staaten und Völker in West- und Mitteleuropa konkret gestalten wird, nicht nur durch Treffen auf höchstem Niveau, sondern auch durch konkrete, tägliche Kooperation in den ehemaligen Grenzräumen. Dies ist letztendlich entscheidend. Was in dieser Hinsicht zum Beispiel am Oberrhein geschieht, sollte als Grundstock für die staatliche Zusammenarbeit betrachtet werden. Wir können und müssen am Oberrhein beispielhaft wirken, nicht unbedingt durch die Gründung und Erhaltung unzähliger Gremien, sondern durch eine spontane vertrauensvolle Zusammenarbeit. Die Bürger unseres Raumes – und sie sollen im Mittelpunkt stehen – müssen einen besseren Überblick über die Vielzahl der Instanzen der Kooperation besitzen. Vor etwa einem Jahr konnten wir in einer unserer Zeitungen aus unserem Raum lesen, dass «es an der Zeit ist, das Gewirr der Drähte zu ordnen und für die Bürger nachvollziehbar zu machen». Und dies ist heute mehr denn je wahr.

Nous avons trop souvent tendance tant sur le plan intérieur de nos pays que dans les relations de coopération, de penser que la multitude des structures et des collectivités contribue à résoudre les problèmes. Mais trop souvent les structures ainsi créées se considèrent comme une fin en soi et non plus comme étant au service de nos concitoyens, qui en sont la raison d'être. Et nous avons contribué ou contribuons encore insensiblement à cette conception. Or, dans notre Région du Rhin Supérieur il est essentiel que nous arrivions à une meilleure convergence des points de vue grâce à un élagage des structures.

Das Gremiengeäst sollte lesbarer werden. Dies war ja auch der Vorschlag der Reformschritte vom ehemaligen Regierungspräsidenten Dr. Tschudi, nachdem er in der Oberrhein Agenda 2000 feststellte, dass «die teilweise unübersichtlich gewordenen Strukturen die Gefahr von Doppelspurigkeiten bergen und eine verstärkte Identifikation der Bevölkerung mit den bestehenden Gremien verhindern». Dies zu überbrücken, sollte in der Gewissheit geschehen, dass wir jedes Mal, wenn wir zu dritt eine gemeinsame Sprache sprechen und gemeinsame Vorschläge vorlegen, in der Lage sind, angehört zu werden, und wir uns hierdurch für den Oberrhein Respekt verschaffen.

Und wenn wir von einer gemeinsamen Sprache reden, so soll das heissen, dass morgen und übermorgen das Englische nicht unbedingt die einzige Verständigungsmöglichkeit in unserem Raum darstellen sollte.

Notre coopération dans cette région du Rhin supérieur est encore plus nécessaire demain qu'aujourd'hui. Parce que dans l'Union européenne telle que nous la connaissons actuellement, l'axe rhénan que nous devons conforter par une vision claire des grandes voies de communication reste un centre de gravité du développement. Mais dans une Europe qui s'élargit vers l'Est ce ne sera plus automatiquement le cas, et ce sera notre volontarisme et notre capacité d'unir nos efforts, qui nous permettront d'éviter notre marginalisation et de rester un pôle de rayonnement économique, culturel, de recherche et de formation.

Mit Recht kann Peter Gloor nach fast vier Jahrzehnten Aktivität im Dienste der Regio und des Oberrheins feststellen, dass der Samen, den er in diesen Boden legte, starke Wurzeln entwickelte und vielversprechende Früchte aufweisen kann. Es sei ihm von Herzen hierfür gedankt. Mögen wir alle in seinem Geiste gemeinsam das begonnene Werk für die Regio Basiliensis und für den ganzen Oberrhein ausbauen und festigen! Denn hier bauen wir zusammen ein Stück unseres Europas, nicht eines anonymen oder seelenlosen Europas, sondern eines Europas der Menschen, die hier leben, und eines Europas des Geistes, der hier weht.

Rede zur Verleihung des Verdienstkreuzes 1. Klasse
des Verdienstordens der Bundesrepublik Deutschland
an Dr. Peter Gloor 1996 in Basel

von Lothar Wittmann, Botschafter

Sehr geehrter Herr Ministerpräsident,
sehr geehrter Herr Dr. Gloor,
sehr geehrte Herren Regierungsräte,
sehr geehrte Herren Ständeräte,
sehr geehrter Herr Regierungspräsident,
meine sehr verehrten Damen und Herren

Es ist für mich eine besondere Freude und eine Ehre, heute hier sein zu können, um in Anwesenheit so vieler prominenter Persönlichkeiten Herrn Dr.
Peter Gloor für sein jahrzehntelanges verdienstvolles Wirken für die Vertiefung
der grenzüberschreitenden Zusammenarbeit im Raum Basel auszuzeichnen.

Das Gebiet am Oberrhein, das begrenzt wird durch die Vogesen, den
Jura und den Schwarzwald, ist eine der Regionen Europas, in der, über die
zwischen Deutschland, der Schweiz und Frankreich bestehenden Grenzen
hinweg, seit jeher zahlreiche Gemeinsamkeiten und Verbindungen, unter
anderem auf dem Gebiet der Kultur, der Sprache und des Lebensstils, exis-
tieren. Diese übergreifenden Gemeinsamkeiten wurden von den Bewohnern
dieser Gegend schon immer stark empfunden und von Hermann Hesse
einst so beschrieben:

«Für mich ist die Zugehörigkeit zu einem Lebens- und Kulturkreis, der
von Bern bis zum nördlichen Schwarzwald, von Zürich und dem Bodensee
bis in die Vogesen reicht, ein erlebtes, erworbenes Gefühl geworden. Dies
Gebiet ist mir Heimat, und dass durch dies Gebiet mehrere Landesgrenzen
und eine Reichsgrenze liegen, bekam ich oft genug einschneidend zu spü-
ren, doch ich habe diese Grenzen in meinem innersten Gefühl niemals als
natürliche empfinden können. Für mich war Heimat zu beiden Seiten des
Oberrheins, ob das Land nun Schweiz, Baden oder Württemberg hiess.»

Den Geist dieser oberrheinischen Heimat atmen die «Kalendergeschichten» des Klassikers aus dem Wiesenthal, Johann Peter Hebel, mit ihrem hintergründigen Humor, ihrer trockenen Schlagfertigkeit, ihrer verschmitzten Lebensweisheit; zwar Geschichten aus aller Welt, aber immer gewürzt mit dem unverwechselbaren Kolorit dieser Landschaft.

Nach dem Zweiten Weltkrieg sind durch die Initiative zweier grosser Staatsmänner, nämlich Charles de Gaulle und Konrad Adenauer, auch die Bindungen und Gemeinsamkeiten zwischen Frankreich und Deutschland noch stärker gewürdigt und vertieft worden. Im Jahre 1963, als die historische Annäherung und Aussöhnung zwischen Deutschland und Frankreich durch den Abschluss des Deutsch-Französischen Vertrages ihren sichtbaren Höhepunkt fand, wurde hier in Basel auf Initiative einiger engagierter junger Leute, zu denen auch Sie gehörten, lieber Herr Dr. Gloor, der Verein Regio Basiliensis gegründet, der es sich zum Ziel setzte, über die Grenzen der drei Staaten Deutschland, Schweiz und Frankreich hinauszugreifen und Grundlagen dafür zu schaffen, dass die gemeinsamen Probleme der Bürger der Region zunehmend im gemeinsamen Zusammenwirken aller betroffenen Staaten gelöst und gemeinsame Institutionen für diese Zusammenarbeit aufgebaut werden konnten. Wenn man so will: ein gemeinsames Europa im Kleinen.

Sie, Herr Dr. Gloor, haben von Beginn an als einer der geistigen Väter und «Motoren» dieser grenzüberschreitenden Zusammenarbeit gewirkt. Mit grossem Idealismus und nie nachlassendem Engagement haben Sie wesentlich dazu beigetragen, dass bürokratische Hindernisse und gelegentlich auch vorhandene Vorbehalte abgebaut wurden und dass der Verein Regio Basiliensis die heutige, in den Anfangstagen wohl nur von einigen erwartete Bedeutung erlangen konnte. Sie haben durch Ihren Einsatz auf privater Ebene die Weichen gestellt für die offizielle Zusammenarbeit der drei Regierungen, zunächst in der «Conférence Tripartite», dann in der «Deutsch-französisch-schweizerischen Regierungskommission» und schliesslich in der «Oberrheinkonferenz». Das vor wenigen Tagen hier im Kongresszentrum der Messe Basel abgehaltene 13. Plenum der Oberrheinkonferenz hat in beeindruckender Weise gezeigt, welche intensive und effiziente Formen der Zusammenarbeit auf den verschiedensten staatlichen und privaten Ebenen sich nicht zuletzt dank Ihres engagierten Handelns entwickelt haben. Mit der Unterzeichnung des Abkommens über grenzüberschreitende Zusammenarbeit zwischen Gebietskörperschaften im Januar dieses Jahres in Karlsruhe, die auf deutscher Seite durch Bundesminister Kinkel erfolgte, konnten hier weitere neue Perspektiven eröffnet werden.

Wie sehr Ihre Arbeit auch auf höchster staatlicher Ebene anerkannt wird, zeigte sich beispielhaft im Jahre 1989, als aus Anlass des 25-jährigen Bestehens der Vereinigung Regio Basiliensis der damalige französische Staatspräsident Mitterrand, Bundeskanzler Kohl und der damalige und jetzige Schweizer Bundespräsident Delamuraz in Basel zusammenkamen, um in einer feierlichen Erklärung die «beispielhafte Bedeutung der Region Oberrhein für eine fruchtbare und harmonische Zusammenarbeit über die Grenzen hinweg» zu unterstreichen. Sie, Herr Dr. Gloor, und die von Ihnen geleitete Vereinigung können mit Recht stolz auf diese herausragenden Leistungen sein.

Wenn ich Sie heute im Namen von Bundespräsident Roman Herzog auszeichne, Herr Dr. Gloor, so würdigt die Bundesrepublik Deutschland damit auch stellvertretend die Verdienste Ihrer zahlreichen Mitstreiter, die sich gemeinsam mit Ihnen für die grenzüberschreitende Zusammenarbeit in der Regio Basiliensis eingesetzt haben. Ich möchte hier vor allem Herrn Dr. Hans Briner erwähnen, der sich als Geschäftsführer der Regio Basiliensis über Jahrzehnte hinweg in herausragender Weise engagierte und am grossem Erfolg der Regio Basiliensis massgeblichen Anteil hat. Ich verrate Ihnen sicher kein Geheimnis, wenn ich darauf hinweise, dass die Absicht bestand, am heutigen Tage gemeinsam mit Ihnen auch Herrn Briner auszuzeichnen. Allerdings widerspräche die Annahme einer solchen Auszeichnung den parlamentarischen Regeln, die Herr Briner beachten muss. Dies ändert nichts an dem Dank und der Anerkennung, die wir auch Herrn Briner uneingeschränkt zollen.

Herr Dr. Gloor, mit Ihrem bemerkenswerten Einsatz für die grenzüberschreitende Zusammenarbeit haben Sie zu den europäischen Nachbarn Deutschland und Frankreich solide Brücken geschlagen. Die Pioniererfahrung, die Sie hier, in der praktischen Zusammenarbeit vor Ort, gesammelt haben, können vielleicht auch einmal dazu beitragen, die Annäherung der Schweiz an das europäische Umfeld weiter voranzubringen.

Durch Ihre Arbeit haben Sie, Herr Dr. Gloor, auch wesentlich zur Vertiefung der deutsch-schweizerischen Beziehungen beigetragen und sich da-
durch besondere Verdienste um die Bundesrepublik Deutschland erworben.
Bundespräsident Roman Herzog hat Ihnen in Anerkennung dieser herausragenden Verdienste das Verdienstkreuz 1. Klasse des Verdienstordens der Bundesrepublik Deutschland verliehen, das ich Ihnen nun überreichen möchte.

Gestatten Sie, lieber Herr Dr. Gloor, dass ich Ihnen als Erster zu dieser
hohen Auszeichnung gratuliere.

III. Dokumente und Presseartikel

III. *Dokumente und Presseartikel*

1. Dokument zur Gründung der Regio Basiliensis

Die Gründung der Regio Basiliensis und ihre Zielvorstellungen

29. Januar 1962

Im Zunfthaus zum Schlüssel diskutieren 15 jüngere
Vertreter des Basler Kultur- und Wirtschaftslebens
besorgt die Stellung Basels unter dem Aspekt der Integration Europas. Sie stellen fest:
"Basel wird heute immer stärker beherrscht von einer
das Dynamische zurückdrängenden Selbstgenügsamkeit,
die teilweise auf die Grenzlage zurückgeführt werden
kann." Und weiter:
"Bereits schon die letzten Jahre haben gezeigt, dass
Basel als Folge seiner heutigen Randstellung in der
Schweiz immer mehr an Bedeutung verliert. Um die auch
von deutscher Seite in die Diskussion geworfene Idee
einer harmonischen Zusammenarbeit zu verwirklichen,
müssen wir von Basel aus als erste dazu Hand bieten;
nicht nur, um von Anfang an dabei zu sein, sondern um
unseren Nachbarn nicht das Gefühl zu geben, wir
Schweizer desinteressierten uns und wollten, wie
schon so oft, abwarten, bis Entscheide gefallen sind,
um dann doch zu verlangen als Gleichberechtigte mit-
machen zu können."

Die Diskussionsrunde stellt sodann Forderungen auf:
● Schaffung eines internationalen Basels als zen-
  traleuropäisches Wirtschafts- und Kulturzentrum
● Ausbau der Drehscheibenfunktion Basels
● Aktivierung Basels zu einem Oberzentrum der ober-
  rheinischen Tiefebene

Der Durchsetzung solcher und ähnlicher Forderungen
gilt das weitere Gespräch. Drei Varianten stehen zur
Diskussion:

● Die Entwicklung des Raumes Basel wird als eine
  rein privatwirtschaftliche Angelegenheit angesehen
● Die Entwicklung des Raumes Basel wird als eine
  staatlich-politische Angelegenheit angesehen
● Die Entwicklung des Raumes Basel wird als eine Ge-
  meinschaftsaufgabe Basels und der angrenzenden
  schweizerischen, elsässischen und badischen Ge-
  meinwesen, sowie der Wirtschaftskreise angesehen

Die Initianten entscheiden sich für die dritte Vari-
ante und folgern:
"Die laufenden langfristigen Probleme der Entwicklung
unserer Stadt und des Raumes Basel bedürfen einer
vertieften Bearbeitung, für die gegenwärtig niemand
Zeit haben will. Da ohne Vorhandensein einer privaten
Initiative auch der Staat nicht an diese grosse Aufgabe herantreten kann, hat eine neutrale Gruppierung
die ersten Arbeiten zu leisten. Es wird deshalb die
Bildung einer 'Arbeitsgruppe Regio Basiliensis' vorgeschlagen."

Eine erste Programmskizze weist folgende Punkte auf:
● Kontakte
● Regionalplanung
● Soziale und kulturelle Fragen
● Wirtschaftsfragen
● Politische, zwischenstaatliche Fragen
● Beobachtung der europäischen Integrationsbewegung

Als Initianten dieser Ueberlegungen unterzeichnen die
Herren Dr. Hans J. Briner, Dr. Alfred Bürgin, Dr. Do-
natus Burckhardt, Dr. Lucius Burckhardt, Luzius Gloor,
Dr. Peter Gloor, Dr. Alfred Hartmann, Dr. Markus Kut-
ter, Peter C. Lindenmeyer, Hans E. Moppert, Dr. Hans-
peter Müller, Alfred E. Sarasin, Dr. Rudolf Sarasin,
Andreas L. Speiser und Emil Wamister.

20. Februar 1963

Im Sitzungssaal des Schweizerischen Bankvereins be-
gegnen die Initianten der Arbeitsgruppe Regio Basiliensis den Vertretern der führenden älteren Generation
aus dem wirtschaftlichen, politischen und kulturellen
Leben Basels. Es gilt diese Persönlichkeiten für die
Ziele der Initianten zu gewinnen und sie zur Bildung
eines Patronatskomitees in Form einer Förderungsge-

sellschaft zu bewegen, welche die Arbeitsgruppe mora-
lisch und finanziell unterstützen möge.

Der Vorsitzende dieser Zusammenkunft, Dr. Samuel
Schweizer, bemerkt:
"Die anfänglich mit einiger Skepsis beurteilten Gedanken und Ueberlegungen der Initianten haben sich
als genügend fundiert erwiesen, um zum mindesten eine
ernsthafte Prüfung durch ein weiteres Gremium angezeigt erscheinen zu lassen." Aber nicht nur das: die
weiteren Ausführungen des Bankpräsidenten beinhalten
die eindeutige Zustimmung zu dem von den Initianten
aufgestellten Prinzip der Zusammenarbeit zwischen
Privaten, Behörden und Wissenschaft.

Nachdem sich auch Regierungsräte beider Basler Kantone und Universitätsprofessoren positiv zum Ansinnen
der Initianten geäussert haben, unterbreiten diese
die Satzungsentwürfe für Arbeitsgruppe und Förderungsgesellschaft.

Nach genereller Zustimmung zu diesem Traktandum erhalten schliesslich die Förderer der ersten Stunde,
Dr. Paul Gloor und Carl A. Staehelin, den Auftrag,
die Aufbringung der notwendigen finanziellen Mittel
in die Wege zu leiten.

Schon anderntags erfährt die Oeffentlichkeit vom ge-
lungenen Zusammentreffen der beiden sich ergänzenden
Gremien durch die Presse:

25. Februar 1963

Das ist das Gründungsdatum der "Arbeitsgruppe Regio
Basiliensis" - notabene zwei Monate vor der Aufnahme
der Schweiz als 17. Mitglied in den Europarat. Nur
fünf Tage nach der erfolgreichen Begegnung zwischen
Initianten und Förderern nehmen die Mitglieder der
Arbeitsgruppe unter der Leitung von Dr. Peter Gloor
ihre Tätigkeit im Rahmen der in den nachfolgenden Ka-
piteln behandelten Themenkreise auf.

● Fortan soll das Prinzip gelten, wonach die eigene
  Organisation möglichst klein gehalten werden sollte, indem die bedeutenden Arbeiten an Fachleute
  nach aussen vergeben werden.

Basler Nachrichten

Donnerstag, 21. Februar 1963, Nr. 80

Einmütige Zustimmung zum Gedanken der «Regio Basiliensis»

-an- Am Sitz des Schweizerischen Bankvereins traten gestern nachmittag gegen 50 leitende Persönlichkeiten des Staates, der Wissenschaft und Wirtschaft zusammen, um sich über das im gestrigen Abendblatt kurz umrissene Problem der Zukunftsentwicklung Basels im Zeichen der Integration auszusprechen und vorläufige Entschlüsse über die Organisation der erforderlichen Planungsarbeit zu fassen. Dr. Samuel S c h w e i z e r , Präsident des Schweizerischen Bankvereins, hatte es übernommen, den Fragenkomplex in diesem weiteren Gremium erstmals zur Diskussion zu stellen. Er tat es in der ihm eigenen souveränen Art, die ebenso überzeugt wie überzeugend wirkte und am Schluss der Versammlung zur übereinstimmenden Auffassung führte, dass sich die Aufnahme der Studienarbeit wie deren Unterstützung durch die baslerische Privatwirtschaft und die öffentliche Hand eigentlich aufdränge.

National-Zeitung

Donnerstag, den 21. Februar 1963

Neue Chancen für Basel schaffen

Eine Arbeitsgruppe sucht Hilfe für grosse Pläne

Die geplante Arbeitsgruppe soll materiell und ideell getragen werden von einer Förderungsgesellschaft. Man rechnet zunächst mit einem finanziellen Aufwand von 100 000 Franken im Jahr. Ein hauptamtlicher Geschäftsführer soll die Arbeit koordinieren. Die versammelten Vertreter der Wirtschaft wurden eingeladen, sich mit den vorgetragenen Gedanken vertraut zu machen und einen Beitritt zur Förderungsgesellschaft zu erwägen. Bedenken wurden keine laut. Die Behörden, vertreten durch die Regierungsräte Dr. Boerlin, Dr. Miescher und Dr. Zschokke, sagten ihre Unterstützung zu. Die nächsten Schritte werden nun Einzelverhandlungen über die Chancen der Förderungsgesellschaft sein. Wolfgang Bessenich

2. «Grenzsteine ausreissen!», National-Zeitung Basel, 2. Dezember 1965

Grenzsteine ausreissen!
Der Schulsynode zweiter Teil

Am spätern Mittwochnachmittag versammelten sich die an einem Gespräch unter Kollegen und über die Grenzen hinweg interessierten Lehrerinnen und Lehrer — es waren ihrer samt dem Zuzug aus den Nachbarkantonen und -ländern nicht ganz zweihundert — in der Aula des Völkerkundemuseums, wo — als Versuch der Neugestaltung der Schulsynode — über Erziehungsfragen innerhalb der Regio Basiliensis diskutiert wurde. Einführende Referate hielten der Präsident der Arbeitsgruppe Regio Basiliensis, Dr. P. Gloor, — er gab den erschienenen Pädagogen vor allem Einblick in die Tätigkeit der Arbeitsgruppe — und der Staatliche Akademische Berufsberater und Leiter der pädagogischen Arbeitsgruppe der Regio Basiliensis, Dr. W. Humm, der nach einigen allgemeinen Bemerkungen über das Wesen der Regio und die Bedeutung des regionalen Denkens verschiedene Massnahmen und Projekte aufzählte, die von den Lehrern selbst ergriffen werden sollten und auf der Ebene der Schulen zu verwirklichen wären. Zur Aufgabe der Lehrer gehörte es, die Kinder vermehrt über die wirtschaftlichen und kulturellen Verflechtungen innerhalb der Regio zu orientieren, was im Heimatkundeunterricht, aber auch anlässlich von Exkursionen in die Nachbarkantone und -länder geschehen könnte. Auch sollten vermehrt Schul- und Schülerdelegationen aus der Nachbarschaft zu Schulanlässen eingeladen werden, wobei allerdings solche Kontakte nicht Einzelfälle sein dürfen, sondern zu festeingewurzelten Traditionen werden müssen.

V. l. n. r.: Synodepräsident Friedrich von Bidder und die beiden Referente Dr. Peter Gloor und Dr. Werner Humm.   Photo Berto

Auf der Ebene der Schulen schlug der Referent vor allem die

Schaffung von Regionalgymnasien

und der Pädagogischen Hochschule in Lörrach vor. In der anschliessenden Diskussion wehrte sich ein erster Votant mit Vehemenz dagegen, die natürlichen Grenzen zwischen den Ländern zu verwischen. Nachbarschaft bedeute nicht, meinte er, dass man mit dem Nachbar in der selben Wohnung hause. Ueber diese Grenzen hinweg gelte es aber Verständnis für den Nachbarn zu wecken. Den gleichen Eifer, den man auf die Modeerscheinung der «Regio» verwende, solle man darauf verwenden, aus den Schülern gute Schweizer zu machen. Als solche sei es dann auch ihre Pflicht und Aufgabe, den «Raum» der andern zu achten.

Alle übrigen Votanten dagegen legten das Schwergewicht nicht auf die Beachtung der bestehenden Grenzen, sondern vielmehr darauf, die bestehenden Grenzsteine auszureissen und nach gemeinsamen Lösungen auch in erzieherischer und schulischer Hinsicht zu suchen. So verlangte einer der Votanten die

Schaffung einer Regiokarte

für den Heimatkundeunterricht, von deutscher Seite wurde darauf hingewiesen, wie wichtig es sei, die Eigenart der andern kennen zu lernen, weil man nur auf diese Weise sich selbst kennen lernen könne, von der gleichen Seite erfuhr man auch, dass der Entscheid über den Standort der Pädagogischen Hochschule auf die lange Bank geschoben zu werden droht, von einem Sprecher aus Rheinfelden wurde die Befürchtung ausgesprochen, es könnte durch zu starke Kontakte der kleinen Vorortgemeinden mit der Stadt deren eigenes kulturelles Leben verkümmern, weshalb man aufpassen müsse, dass die Bewegung «Regio Basiliensis» nicht — wie ein anderer Votant beifügte — zu einer Bewegung «Basel frisst alles» werde, und der Präsident der staatlichen Lehrmittelkommission schliesslich erklärte, der Schweizer sei anfällig für psychologische Verkrampfung, weshalb es wichtig sei, erst einmal die psychologischen Voraussetzungen für das gegenseitige Verständnis zu schaffen.

Alles in allem konnten natürlich bei dieser ersten so allgemeinen Begegnung der Pädagogen aus drei Ländern keine konkreten Lösungen vorgeschlagen werden. Die angetönten Vorschläge sollen aber weiter verfolgt und der

Kontakt über die Grenzen hinweg

durch einen «Kontaktmann» gefördert und aufrechterhalten werden.

Das übliche gemeinsame Essen — diesmal im Casino — schloss die diesjährige Schulsynode ab. Sie wird sicher den Teilnehmern — gerade wegen der anregenden Diskussion vom Nachmittag — in guter Erinnerung bleiben. Sn.

3. Interview mit Peter Gloor zum 90. Geburtstag: «An den Grenzen hat sich enorm viel verändert», Peter Schenk, bz Basel, 23. April 2016

«Peter Gloor wird am Sonntag 90 Jahre alt. Als Mitbegründer der Regio Basiliensis hat er enorm viel für das Dreiland geleistet.

«Als wir die erste tripartite Sitzung hatten, musste sie im französischen Sektor des Euro-Airport (EAP) stattfinden. Die französischen Vertreter durften nicht in staatlicher Mission ohne Zustimmung von Paris ins Ausland reisen», erinnert sich Peter Gloor. 1963 gründete er mit Hans Briner die Regio Basiliensis. Ziel war es, sich für die Öffnung der Grenzen einzusetzen.

Regio-S-Bahn grosse Leistung

«Damals war der grenzüberschreitende Kontakt zwischen den Behörden kaum existent. Es hat sich enorm viel verändert», betont Gloor. Als grosse Leistung der Regio Basiliensis betrachtet er die Initiierung der Regio-S-Bahn.

Gloor hat in Basel Jura studiert und nach dem Abschluss jeweils ein halbes Jahr an der Sorbonne und in Cambridge angehängt. «Es ging mir darum, die Sprache zu lernen. Ich bedaure, nicht in die USA gegangen zu sein. Dies war damals noch nicht üblich. Ich hätte gerne das dortige Rechtssystem und die Mentalität kennen gelernt», erzählt Gloor.

Zum Teil hat er dies später nachholen können. Als Wirtschaftsanwalt bestanden 50 Prozent seiner Tätigkeit aus Verwaltungsratsmandaten für kleine und mittelgrosse Unternehmen, und dies beinhaltete viele Reisen – wie in den Fernen Osten, aber auch die USA.

Im Militär war er als Kommandant für seine kurzen Sitzungen bekannt. «Die Rapporte mit den Offizieren fanden im Stehen statt.» «Leistungsorientiert» ist eine der Beschreibungen, die oft im Zusammenhang mit Gloor fallen. Die andere ist Bescheidenheit. Als der Regio Basiliensis 1989 der grosse Coup des Regio-Gipfels zwischen den drei Staatschefs François Mitterrand, Helmut Kohl und Jean-Pascal Delamuraz in Basel gelang, sieht er sich dabei eher im Hintergrund, auch, wenn er durch den Tag geführt hat.

«Ich will mich nicht mit fremden Federn schmücken. Das war vor allem die Leistung von Hans Briner und Wolfgang Schäuble, der uns als früherer Planungschef in Baden-Württemberg enorm geholfen hat. Der Text, den die Staatschefs unterschrieben, stammte weitgehend von Peter Schai.»

Sein Anwaltsbüro in der Aeschenvorstadt, heute als Partner bei Vischer, befindet sich seit 1960 im gleichen Raum. «Besondere Hobbies sind keine zu vermelden, da der Beruf so vielfältig ist, dass er zum Hobby geworden ist», schreibt er selber von sich.

Viele Auszeichnungen erhalten

Von 1983 bis 2001 war Gloor Präsident der Regio Basiliensis, danach ihr Ehrenpräsident. Viele Auszeichnungen hat er in seinem Leben erhalten – 2005 den «Officier de l'Ordre National du Mérite de la République Française». «An sich war er für Briner gedacht, aber er durfte ihn als Mitglied des Grossen Rates nicht annehmen.» Schweizer mit politischen oder militärischen Funktionen dürfen sich nicht mit ausländischen Orden schmücken. Geehrt wurde Gloor, auf den die Regelung nicht mehr zutraf, 1996 mit dem Verdienst-kreuz 1. Klasse der Bundesrepublik Deutschland, 2007 mit dem Prix Bartholdi und 2015 mit dem Basler Stern.

Feiern im Kreis der Familie
Seinen Geburtstag wird Gloor morgen im Kreis seiner Familie feiern. 35 Per-sonen werden erwartet. Gloor hat drei Kinder, fünf Grosskinder und fünf Urgrosskinder.»

Autoren der Gedenkschrift

Würdigungen von Weggefährten
- Dr. *Kathrin Amacker,* Präsidentin Regio Basiliensis seit 2011, alt National-
rätin Kanton Basel-Landschaft, Mitglied Konzernleitung SBB AG
- Dr. *Manuel Friesecke,* Jurist, seit 2013 Geschäftsführer Regio Basiliensis
- Dr. *Michael H.P. Pfeifer,* Advokat und Notar VISCHER AG Basel, Hono-
rarkonsul von Luxembourg, ehemaliger Lehrbeauftragter für Gesellschafts-
recht an der Universität St. Gallen HSG und an der Universität Basel
- Dr. *Peter Schai,* alt Grossrat Kanton Basel-Stadt, ehem. Präsident Grosser Rat, ehem. Präsident der Regiokommission und der Nachbarschaftskonferenz, ehem. Präsident Oberrheinrat, Mitglied der Begleitgruppe
der Regio Basiliensis 1975–2006
- Dr. *Hans Martin Tschudi,* ehem. Regierungsrat Kanton Basel-Stadt,
Konsulent bei Furer & Karrer Rechtsanwälte Basel, Lehrbeauftragter für
Grenzüberschreitende Zusammenarbeit an der Universität St. Gallen und
der FHNW, ehem. Präsident Oberrheinkonferenz, Vorstandsmitglied
Regio Basiliensis und Vorsitzender der Begleitgruppe

Reden anlässlich von Auszeichnungen für Dr. Peter Gloor
- Dr. *Daniel Hoeffel,* Minister und Senator a.D. sowie ehem. «Président
du conseil général du Bas-Rhin», ehem. Mitglied der Parlamentarischen
Versammlung des Europarates
- *Hans-Peter Platz,* Journalist und Autor, arbeitete ab 1963 bei den «Basler
Nachrichten» (BN). Von 1983 bis 2003 Chefredaktor «Basler Zeitung»
- *Alois Rübsamen (1993–2013),* Alt-Landrat Landkreis Lörrach und ehem.
Bürgermeister von Schliengen, ehem. Mitglied Regionalverband Hoch-
rhein-Bodensee
- *Botschafter Jacques Rummelhardt,* Französischer Botschafter in der Schweiz
und Liechtenstein, 2003–2005, zuvor Botschafter in Panama, Bulgarien,
Thailand und Belgien sowie Sprecher des französischen Aussenministe-
riums
- *Botschafter Dr. Lothar Wittmann,* Oberstudiendirektor, übernahm 1985
das Auslandsschulreferat im Auswärtigen Amt in Bonn, leitete ab 1992

die Kulturabteilung des Auswärtigen Amtes und war von 1996–1998 Deutscher Botschafter in der Schweiz

Herausgeber der Gedenkschrift

- *Dr. Manuel Friesecke,* Jurist, seit 2013 Geschäftsführer Regio Basiliensis
- *Dr. Jacqueline Plum,* seit 2013 Stv. Geschäftsführerin Regio Basiliensis. Jacqueline Plum hat 2005 über die deutsch-französischen Jugendaustauschbegegnungen nach dem Zweiten Weltkrieg (1945–1955) und die Gründungsgeschichte des Deutsch-Französischen Jugendwerkes 1963 promoviert.

Abbildungsverzeichnis

Das Signet des 1488 gegründeten
Druck- und Verlagshauses Schwabe
reicht zurück in die Anfänge der
Buchdruckerkunst und stammt aus
dem Umkreis von Hans Holbein.
Es ist die Druckermarke der Petri;
sie illustriert die Bibelstelle
Jeremia 23,29: «Ist nicht mein Wort
wie Feuer, spricht der Herr,
und wie ein Hammer, der Felsen
zerschmettert?»